Le livre des anniversaires

Fêtes

Anniversaires

Astrologie

Pierres de naissance

TORMONT

Janvier

«L'absence ni le temps ne
sont rien quand on aime.
Tant que mon cœur battra,
Toujours il te dira :
Rappelle-toi.»

Alfred de MUSSET

Janvier

«Les hivers les plus froids
sont ceux qui prennent vers
les Rois.»

Dicton français

1

Jour de l'an

1863 Pierre de Coubertin,
rénovateur des Jeux olympiques

1927 Maurice Béjart, chorégraphe

2

1884 Jacques Chardonne,
romancier et essayiste français

1920 Isaac Asimov, biochimiste et
écrivain américain d'origine russe,
auteur de science-fiction

3

1892 J. R. Tolkien, écrivain
britannique, auteur de *Le Seigneur
des anneaux*

1929 Sergio Leone, cinéaste
italien

4

1809 Louis Braille, professeur et
organiste français aveugle,
inventeur du système d'écriture
pour les aveugles

5

1911 Jean-Pierre Aumont, acteur
français

1919 Cécil Saint-Laurent
(Jacques Laurent), romancier
français, prix Goncourt en 1970

6

Épiphanie

1412 Jeanne d'Arc, Pucelle
d'Orléans

1745 Jacques Étienne Montgolfier,
industriel français, co-inventeur
des montgolfières

7

1873 Charles Péguy, écrivain
français

1899 Francis Poulenc, pianiste et
compositeur français

Le livre des anniversaires

Photo de la page couverture : Réflexion Photothèque

Photographies : Daniel Fortin

Conception graphique : Hélène Boudreau pour Zapp

Illustrations des signes astrologiques : Evelyn Butt

Recherche et textes : Lise Caron Cree

Photographie des pierres : Studio Tormont

© 1995 Les Éditions Tormont inc.
  338, rue Saint-Antoine Est
  Montréal, Canada, H2Y 1A3
  Tél. : (514) 954-1441
  Fax : (514) 954-5086

ISBN 2-89429-680-0
Imprimé aux États-Unis

Janvier

8

1934 Jacques Anquetil, meilleur cycliste français des années 60

1935 Elvis Presley, chanteur américain, le «King» du rock'n'roll

9

1908 Simone de Beauvoir, écrivaine française, auteure de *Le deuxième sexe* et *Les mandarins*

1913 Richard Nixon, 37e président des États-Unis

10

1945 Rod Stewart, auteur-compositeur-interprète britannique

1946 Bernard Thévenet, champion cycliste français

11

1503 Francesco Mazzola, dit Le Parmesan, peintre italien

1907 Pierre Mendes-France, homme politique français

12

1628 Charles Perreault, écrivain et académicien français célèbre pour ses contes

1908 Jean Delannoy, cinéaste français

13

1905 Serge Lifar, danseur et chorégraphe français d'origine soviétique

1922 Jeanne Bourin, écrivaine

14

1836 Henri Fantin-Latour, peintre français

1875 Albert Schweitzer, philosophe, musicologue et médecin missionnaire français

Janvier

15

1622 Molière (Jean-Baptiste Poquelin), auteur dramatique français

1926 Martin Luther King, Pasteur noir américain, prix Nobel de la paix en 1964

16

1858 Franz Brentano, philosophe et psychologue allemand, père de la psychologie descriptive

1884 Jules Supervielle, écrivain et poète français né en Uruguay

17

1706 Benjamin Franklin, homme d'État américain, physicien et publiciste, inventeur du paratonnerre

1944 Françoise Hardy, chanteuse française

18

1689 Montesquieu, moraliste, penseur et philosophe français

1908 Gaston Gallimard, éditeur français

19

1809 Edgar Allan Poe, écrivain américain

1839 Paul Cézanne, peintre français

20

1892 Ernst Lubitsch, cinéaste allemand

1920 Federico Fellini, cinéaste italien

21

1905 Christian Dior, couturier français

1941 Placido Domingo, ténor d'origine espagnole

Janvier

22

1775 André-Marie Ampère, physicien et mathématicien français, inventeur du télégraphe électrique

1904 George Balanchine, danseur et chorégraphe américain, d'origine georgienne

23

1783 Stendhal (Henri Beyle), officier et écrivain français auteur de *Le Rouge et le Noir*, *La Chartreuse de Parme*...

1832 Édouard Manet, peintre, pastelliste et dessinateur français

24

1732 Beaumarchais (Pierre Augustin Caron de), écrivain français auteur de *Le Mariage de Figaro* et *Le Barbier de Séville*

1950 Daniel Auteuil, acteur français

25

1477 Anne de Bretagne, femme de Charles VIII puis de Louis XII, elle apporta la Bretagne en dot au royaume de France

1882 Virginia Woolf, écrivaine britannique

26

1925 Paul Newman, acteur américain

1928 Roger Vadim, cinéaste français

27

1756 Wolfgang Amadeus Mozart, compositeur autrichien

1832 Lewis Caroll, mathématicien et romancier anglais, auteur de *Alice au pays des merveilles*

28

1873 Colette (Gabrielle Sidonie), romancière française

1948 Mikhail Baryshnikov, danseur russe, directeur artistique du *American Ballet Theater*

Janvier

29

1866 Romain Rolland, écrivain français, prix Nobel de littérature en 1916

1933 Sacha Distel, chanteur français

30

1661 Charles Rollin, professeur et historien français

1860 Anton Tchekhov, écrivain et auteur dramatique russe

31

1797 Franz Schubert, compositeur autrichien

1885 Anna Pavlova, danseuse étoile des Ballets russes

Soir d'hiver

Ah! comme la neige a neigé!
Ma vitre est un jardin de givre.
Ah! comme la neige a neigé!
Qu'est-ce que le spasme de vivre
À la douleur que j'ai, que j'ai!

Tous les étangs gisent gelés.
Mon âme est noire : Où vis-je? Où vais-je?
Tous ses espoirs gisent gelés :
Je suis la nouvelle Norvège
D'où les blonds ciels s'en sont allés.

Pleurez, oiseaux de février,
Au sinistre frisson des choses,
Pleurez, oiseaux de février,
Pleurez mes pleurs, pleurez mes roses,
Aux branches du genévrier.

Ah! comme la neige a neigé!
Ma vitre est un jardin de givre.
Ah! comme la neige a neigé!
Qu'est-ce que le spasme de vivre
À tout l'ennui que j'ai, que j'ai!...

Émile NELLIGAN

Février

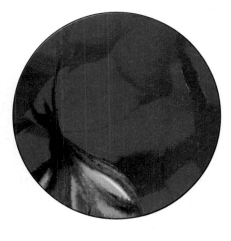

« Au cœur de chaque hiver
il est un printemps
frémissant;
et derrière le voile de
chaque nuit,
il est une aube souriante.»

Khalil GIBRAN

Février

1

1801 Émile Littré, académicien
français, rédacteur du *Dictionnaire
de la langue française*

1931 Boris Yeltsin, homme
politique russe

2

1861 Salomon Guggenheim,
collectionneur américain

1926 Valéry Giscard d'Estaing,
président de la République
française de 1974 à 1981

3

1809 Félix Mendelssohn,
musicien et compositeur allemand

1909 Simone Weil, philosophe et
écrivaine française

4

1688 Marivaux (Pierre Carlet de
Chamblain de), écrivain français
auteur de théâtre

1900 Jacques Prévert, poète
français

5

1626 Marquise de Sévigné (Marie
de Rabutin-Chantal), célèbre pour
ses lettres

1878 André Citroën, génie de
l'automobile

6

1665 Anne Stuart, reine
d'Angleterre, d'Écosse et d'Irlande

1912 François Truffaut, cinéaste
français

7

1812 Charles Dickens, romancier
britannique

1870 Alfred Adler, médecin et
psychologue autrichien, élève et
collaborateur de Freud

Février

8
1828 Jules Verne, écrivain français, père de la science-fiction

1931 James Dean, acteur américain

9
1910 Jacques Monod, biochimiste français, prix Nobel de médecine en 1965

1945 Mia Farrow, actrice américaine

10
1890 Boris Pasternak, écrivain soviétique auteur de *Le docteur Zhivago*

1898 Bertolt Brecht, poète, romancier et dramaturge allemand

11
1847 Thomas Edison, inventeur américain

1943 Serge Lama, chanteur français

12
1809 Charles Darwin, naturaliste britannique

1809 Abraham Lincoln, 16e président des États-Unis, élu en 1860

13
1903 Georges Simenon, écrivain belge francophone, l'un des maîtres du roman policier

1933 Kim Novak, actrice américaine

14
Saint-Valentin

1882 John Barrymore, acteur américain

1916 Marcel Bigeard, général français

Février

15

1564 Galilée, mathématicien, physicien et astronome italien

1710 Louis XV, arrière petit-fils de Louis XIV et roi de France de 1715 à 1774

16

1852 Charles Taze Russell, religieux américain créateur du périodique *La tour de garde* en 1879

1959 John McEnroe, champion de tennis américain

17

1781 René Laënnec, médecin français, inventeur du stéthoscope

1877 André Maginot, politicien français, père de la *Ligne Maginot*

18

1896 André Breton, poète français, fondateur du mouvement surréaliste

1898 Enzo Ferrari, constructeur automobile italien

19

1473 Nicolas Copernic, astronome polonais

1743 Luigi Boccherini, compositeur italien et violoncelliste virtuose

20

1694 Voltaire (François Marie Arouet), philosophe et écrivain français

1888 Georges Bernanos, écrivain français, auteur du *Journal d'un curé de campagne*

21

1885 Sacha Guitry, acteur et auteur dramatique français

1903 Anaïs Nin, écrivaine américaine née à Neuilly-sur-Seine

Février

22
1857 Sir Robert Baden-Powell, fondateur du mouvement scout

1900 Louis Buñuel, cinéaste espagnol

23
1685 Georg Friedrich Haendel, compositeur allemand

1924 Claude Sautet, cinéaste français

24
1932 Michel Legrand, chef d'orchestre et compositeur français

1955 Alain Prost, champion pilote automobile français

25
1841 Pierre Auguste Renoir, peintre impressionniste français

1873 Enrico Caruso, chanteur d'opéra italien

26
1802 Victor Hugo, romancier et poète français

1808 Honoré Daumier, dessinateur, lithographe et peintre français considéré comme le plus grand caricaturiste de son époque

27
1902 John Steinbeck, romancier américain d'ascendance prussienne et irlandaise

1932 Elizabeth Taylor, actrice américaine née à Londres

28/29
1895 Marcel Pagnol, écrivain et cinéaste français (28)

1920 Michèle Morgan (Simone Roussel), actrice française (29)

Mars

«La vigne dit : En mars me lie,
En mars me taille,
En mars il faut
qu'on me travaille.»

Dicton français

Mars

1
1810 Frédéric Chopin, compositeur polonais

1886 Oskar Kokoschka, peintre, dessinateur, graveur et écrivain autrichien

2
1824 Bedrich Smetana, compositeur et pianiste tchèque

1876 Pie XII, Eugenio Pacelli, pape de 1939 à 1958

3
1847 Alexander Graham Bell, physicien américain d'origine écossaise, inventeur du téléphone

1868 Alain (Émile Chartier), philosophe et essayiste français

4
1678 Antonio Vivaldi, compositeur et violonniste italien

1809 Georges Dumézil, historien français des religions, spécialiste des mythologies indo-européennes

5
1908 Rex Harrison, acteur britannique

1922 Pier Paolo Pasolini, écrivain et cinéaste italien

6
1475 Michel-Ange, sculpteur, peintre, architecte et poète italien

1937 Valentina Tereshkova, astronaute russe, première femme dans l'espace en 1963

7
1875 Maurice Ravel, compositeur français

1960 Ivan Lendl, champion de tennis slovaque

Mars

«Ce génie particulier de la femme qui comprend l'homme mieux que l'homme ne se comprend.»

Victor HUGO

8

Journée internationale de la femme

1879 Otto Hahn, physicien et chimiste allemand, prix Nobel de chimie en 1944

1923 Cyd Charisse (Tula Ellice Finklea), ballerine et actrice américaine

9

1923 André Courrèges, couturier français

1964 Juliette Binoche, actrice française

10

1920 Boris Vian, ingénieur, musicien de jazz, poète et romancier français

1964 Prince Édouard, troisième fils de la reine Élizabeth II d'Angleterre

11

1819 Marius Petipa, danseur et chorégraphe français

1922 Antoine Blondin, écrivain français, auteur de *Un singe en hiver*

12

1890 Vaslav Nijinsky, danseur et chorégraphe russe, né à Kiev

1925 Louison Bobet, coureur cycliste français, champion du monde en 1954

13

1855 Percival Lowell, astronome américain, prédit la découverte de Pluton qui sera annoncée par Clyde Tombaugh en 1930

1888 Paul Morand, écrivain français

14

1879 Albert Einstein, physicien américain d'origine allemande, auteur de la *Théorie de la relativité* et prix Nobel en 1923

1908 Maurice Merleau-Ponty, philosophe français, analyste des phénomènes du vécu

Mars

15

1830 Jean-Jacques Élisée Reclus, géographe français

1907 Zarah Leander, actrice suédoise née à Karlskröna

16

1839 Sully Prudhomme, écrivain français, premier prix Nobel de littérature en 1901

1940 Bernardo Bertolucci, cinéaste italien

17

Saint Patrick, Fête nationale des Irlandais

1834 Gotlieb Daimler, ingénieur allemand, créateur avec Carl Benz d'un grand de l'automobile : Mercedes

1938 Rudolf Noureev, danseur et chorégraphe russe

18

1842 Stéphane Mallarmé, poète et symboliste français

1858 Rudolf Diesel, ingénieur allemand, inventeur du moteur qui porte son nom

19

1593 George de la Tour, peintre français

1809 Nicolas Gogol, romancier et dramaturge russe

20

1823 Henrik Ibsen, poète norvégien

1873 Sergeï Rachmaninov, compositeur et pianiste russe

21

1685 Johann Sébastian Bach, compositeur allemand

1903 Raymond Queneau, écrivain français, auteur de *Zazie dans le métro*

Mars

22

1599 Anthony Van Dyke, peintre flamand

1923 Marcel Marceau, mime français

23

1887 Juan Gris, peintre espagnol

1900 Erich Fromm, psychanalyste américain d'origine allemande

24

1897 Whilhelm Reich, médecin et psychanalyste autrichien

1945 Jackie Chazalon, basketteuse française

25

1867 Arturo Toscanini, chef d'orchestre italien

1921 Simone Signoret, actrice française d'origine allemande

26

1911 Tennessee Williams, écrivain et auteur dramatique américain

1925 Pierre Boulez, compositeur et chef d'orchestre français

27

1797 Alfred de Vigny, comte et écrivain français

1886 Ludwig Mies Van Der Rohe, architecte allemand, considéré comme l'un des plus grands architectes du XXᵉ siècle avec Le Corbusier

28

1483 Raphaël, peintre italien

1849 Maxime Gorki, poète, romancier et dramaturge russe

Mars

29

1902 Marcel Aymé, écrivain français, auteur de contes, nouvelles et romans

1912 Frederick Mackenzie, imprimeur écossais, inventeur du système Letraset

30

1844 Paul Verlaine, poète français auteur des *Poèmes saturniens* et *Fêtes galantes*

1853 Vincent Van Gogh, peintre et dessinateur hollandais

31

1596 René Descartes, philosophe et mathématicien français

1732 Franz Joseph Haydn, compositeur autrichien

Rondeau

Le temps a laissé son manteau
De vent, de froidure et de pluie,
Et s'est vêtu de broderie,
De soleil luisant, clair et beau.

Il n'y a bête ni oiseau
Qu'en son jargon ne chante ou crie :
Le temps a laissé son manteau!

Rivière, fontaine et ruisseau
Portent, en livrée jolie,
Gouttes d'argent d'orfèvrerie
Chacun s'habille de nouveau :
Le temps a laissé son manteau.

Charles d'ORLÉANS

Avril

1
1868 Edmond Rostand, poète et auteur dramatique français

1929 Milan Kundera, écrivain tchèque naturalisé français

2
1840 Émile Zola, écrivain français

1891 Max Ernst, peintre surréaliste allemand

3
1924 Marlon Brando, acteur américain

1930 Helmut Kohl, homme d'État allemand

4
1846 Comte de Lautréamont (Isidore Ducasse), écrivain français, précurseur du mouvement surréaliste

1914 Marguerite Duras, écrivaine française

5
1588 Thomas Hobbes, philosophe et juriste anglais

1908 Herbert von Karajan, chef d'orchestre autrichien, figure marquante de la direction d'orchestre au XXᵉ siècle

6
1820 Nadar (Félix Tournachon), aéronaute, écrivain, dessinateur et photographe

1890 Anthony Fokker, industriel néerlandais, créateur d'un avion qui porte son nom

7
1506 Saint François Xavier, missionnaire jésuite espagnol

1939 Francis Ford Coppola, réalisateur américain, auteur du film *Le Parrain*

Avril

8

1912 Sonjia Henie, patineuse sur glace norvégienne, détentrice de dix championnats du monde et trois olympiques

1929 Jacques Brel, auteur-compositeur et chanteur belge d'expression française

9

1821 Charles Baudelaire, écrivain français romantique

1933 Jean-Paul Belmondo, acteur français

10

1829 William Booth, prédicateur anglais, fondateur de l'*Armée du Salut*

1847 Joseph Pulitzer, journaliste américain d'origine hongroise, fondateur des *Prix Pulitzer* en journalisme et en littérature

11

1775 James Parkinson, médecin anglais connu pour sa description de la paralysie agitante, dite *Maladie de Parkinson*

1932 Joel Grey, acteur et chanteur américain

12

1755 Anthelme Brillat-Savarin, gastronome français, premier maître de la grande cuisine française

1923 Maria Callas, cantatrice grecque née à New York

13

1902 Baron Philippe de Rothschild, producteur de vin, poète et traducteur

1906 Samuel Beckett, auteur dramatique irlandais

14

1629 Christiaan Huygens, physicien, mathématicien et astronome hollandais, créateur de l'horloge à balancier

1797 Adolphe Thiers, homme d'État, historien et académicien français, président de la République en 1871

Avril

15

1843 Henry James, écrivain américain

1939 Claudia Cardinale, actrice italienne

16

1844 Anatole France, écrivain français

1889 Charlie Chaplin, acteur et cinéaste américain d'origine britannique

17

1894 Nikita Khrouchtchev, homme politique soviétique

1929 James Last, musicien hollandais de renommée internationale

18

1480 Lucrèce Borgia, protectrice des arts et des lettres, elle inspira à Victor Hugo le drame *Lucrèce Borgia*

1837 Henry Becque, écrivain dramatique français

19

1932 Jayne Mansfield (Vera Jane Palmer), actrice américaine

1935 Dudley Moore, acteur, compositeur et musicien britannique

20

1889 Adolph Hitler, dictateur allemand

1893 Juan Miró, peintre surréaliste espagnol, sculpteur, dessinateur et céramiste

21

1816 Charlotte Brontë, poétesse et romancière britannique

1926 Élizabeth II, reine d'Angleterre

Avril

22

1724 Emmanuel Kant, philosophe allemand, auteur de la *Critique de la raison pure*

1870 Lenine (Vladimir Ilitch Oulianov), homme d'État russe, fondateur en 1922 de l'URSS

23

1564 William Shakespeare, poète, dramaturge et acteur anglais

1891 Serguëi Prokofiev, compositeur russe

24

1856 Philippe Pétain, maréchal et homme d'État français

1934 Shirley MacLaine, actrice et danseuse américaine

25

1599 Oliver Cromwell, lord protecteur d'Angleterre, d'Écosse et d'Irlande

1874 Guglielmo Marconi, physicien italien, pionnier de la radio

26

1452 Léonard de Vinci, peintre, sculpteur, architecte, ingénieur et savant italien

1711 David Hume, philosophe et historien écossais

27

1791 Samuel Morse, portraitiste et physicien américain, inventeur du célèbre code

1932 Anouk Aimée, actrice française

28

1941 Ann-Margret, actrice, chanteuse et danseuse suédoise, vivant aux É.-U. depuis l'âge de 5 ans.

1943 Jacques Dutronc, chanteur français

Avril

29

1854 Henri Poincaré,
mathématicien français

1899 Duke Ellington,
compositeur, pianiste et chef
d'orchestre de jazz américain

30

1870 Franz Lehar, compositeur
hongrois, auteur de *La veuve joyeuse*
en 1905

1893 Joachim von Ribbentrop,
ministre des Affaires étrangères
sous Hitler

Il fera longtemps clair ce soir

Il fera longtemps clair ce soir, les jours allongent.
La rumeur du jour vif se disperse et s'enfuit,
Et les arbres, surpris de ne pas voir la nuit,
Demeurent éveillés dans le soir blanc, et songent...

Les marronniers, sur l'air plein d'or et de lourdeur,
Répandent leurs parfums et semblent les étendre;
On n'ose pas marcher ni remuer l'air tendre
De peur de déranger le sommeil des odeurs.

De lointains roulements arrivent de la ville...
La poussière qu'un peu de brise soulevait,
Quittant l'arbre mouvant et las qu'elle revêt,
Redescend doucement sur les chemins tranquilles;

Nous avons tous les jours l'habitude de voir
Cette route si simple et si souvent suivie,
Et pourtant quelque chose est changé dans la vie;
Nous n'aurons plus jamais notre âme de ce soir...

Anna de NOAILLES

Mai

«—Ah! les premières fleurs,
qu'elles sont parfumées!
Et qu'il bruit avec un
murmure charmant
Le premier oui qui sort
de lèvres bien-aimées!»

Paul VERLAINE

Mai

1

1633 Pierre Teilhard de Chardin, Jésuite, scientifique et philosophe français

1917 Danielle Darrieux, actrice française

2

1729 Catherine II la Grande, impératrice de Russie de 1762 à 1796

1922 Serge Reggiani, acteur, interprète et chanteur français

3

1874 François Coty, fabricant de parfums né en Corse

1898 Golda Meir, Premier ministre d'Israël de 1969 à 1973

4

1907 Maxence van Der Meersch, écrivain français, avocat et jounaliste

1929 Audrey Hepburn, actrice britannique

5

1800 Louis Hachette, éditeur et libraire français

1818 Karl Marx, philosophe, économiste et homme politique allemand

6

1856 Sigmund Freud, psychiatre autrichien, fondateur de la psychanalyse

1915 Orson Welles, acteur, écrivain et cinéaste américain

7

1833 Johannes Brahms, musicien et compositeur allemand

1840 Piotr Ilyich Tchaikovsky, compositeur russe célèbre pour sa musique de ballet

Mai

8

1828 Jean Henri Dunant, philanthrope suisse, fondateur de *La Croix Rouge*

1903 Fernandel (Fernand Contandin), acteur français, 67 films entre 1930 et 1970

9

1883 Jose Ortega y Gasset, philosophe espagnol

1936 Glenda Jackson, actrice britannique

10

1760 Claude Joseph Rouget de Lisle, officier de l'Armée française, compositeur de *La Marseillaise*

1899 Fred Astaire, danseur, acteur et chanteur américain

11

1904 Salvador Dali, peintre, graveur et écrivain espagnol

1930 Henri Courtine, judoka français

12

1842 Jules Massenet, compositeur français, auteur de l'opera *Manon*

1845 Gabriel Fauré, compositeur français, le maître de la musique de chambre

13

1840 Alphonse Daudet, écrivain français

1907 Daphne du Maurier, écrivaine britannique

14

1727 Thomas Gainsborough, peintre anglais, portraitiste et paysagiste

1897 Sydney Bechet, géant du jazz, clarinettiste, saxophoniste et compositeur noir américain

Mai

15

1859 Pierre Curie, physicien français

1898 Arletty, (Léonie Bathiat) comédienne française

16

1831 David Edward Hughes, ingénieur américain inventeur d'un appareil télégraphique imprimeur

1920 Martine Carol (Marie-Louise Mourer), actrice française

17

1866 Érik Satie, compositeur français né de parents écossais

1904 Jean Gabin (Jean Alexis Moncorge), acteur français

18

1872 Bertrand Russel, philosophe anglais, prix Nobel de Littérature en 1950

1920 Jean-Paul II (Karol Jozef Wojtyla) archevêque polonais, 1er pape non italien

19

1890 Ho Chi Minh, homme politique et poète vietnamien, fondateur de la *République populaire du Viet Nam*

1921 Daniel Gélin, acteur français

20

1799 Honoré de Balzac, écrivain français, auteur de *La Comédie humaine*

1806 John Stuart Mill, philosophe et économiste anglais

21

1844 Henri Rousseau, dit le Douanier, peintre, dessinateur et écrivain français

1921 Andreï Dimitrievitch Sakharov, physicien et dissident soviétique, prix Nobel de la Paix en 1975

Mai

22

1808 Gérard de Nerval (Gérard Labrunie), écrivain français

1907 Hergé (Georges Rémi), dessinateur belge de bandes dessinées, créateur de *Tintin*

23

1790 Jules Dumont D'Urville, navigateur et explorateur français

1883 Douglas Fairbanks, acteur américain, co-fondateur avec Charles Chaplin des *Artistes associés*

24

1743 Jean-Paul Marat, homme politique, médecin et journaliste français

1899 Henri Michaux, poète et peintre français

25

1892 Maréchal Tito (Josip Broz), homme d'État yougoslave, président à vie en 1974

1930 Sonia Rykiel, créatrice de mode

26

1799 Alexandre Sergueievitch Pouchkine, poète, dramaturge et romancier russe

1822 Edmond Huot de Goncourt, historien et écrivain français, fondateur de l'*Académie Goncourt* qu'il institua par testament

27

1878 Isadora Duncan, danseuse américaine d'origine irlandaise

1923 Henry Kissinger, homme politique américain, prix Nobel de la Paix en 1973

28

1738 Joseph Ignace Guillotin, médecin et homme politique français, créateur de la guillotine

1920 Gaston Lenôtre, pâtissier français

Mai

29

1917 John F. Kennedy, 35e président des États-Unis, à la fois le plus jeune et le premier président catholique

1923 Bernard Clavel, écrivain français

30

1846 Peter Carl Fabergé, orfèvre russe

1896 Howard Hawks, cinéaste américain, un géant du cinéma moderne

31

1857 Pie XI, Achille Ambrosio Ratti, homme d'Église italien, pape de 1922 à 1939

1887 Saint-John Perse (Alexis Léger), diplomate et poète français, prix Nobel de littérature en 1960

Les cloches

Mon beau tzigane mon amant
Écoute les cloches qui sonnent
Nous nous aimions éperdument
Croyant n'être vus de personne

Mais nous étions bien mal cachés
Toutes les cloches à la ronde
Nous ont vus du haut des clochers
Et le disent à tout le monde

Demain Cyprien et Henri
Marie Ursule et Catherine
La boulangère et son mari
Et puis Gertrude ma cousine

Souriront quand je passerai
Je ne saurai plus où me mettre
Tu seras loin Je pleurerai
J'en mourrai peut-être

Guillaume APOLLINAIRE

Juin

«Ce que j'aurai perdu
en faisant confiance aux
autres se peut calculer;
mais ce que j'ai «gagné»
par le même moyen est
inestimable.»

Gilbert CESBRON

Juin

1

1796 Sadi Carnot, physicien français, créateur de la thermodynamique moderne

1926 Marilyn Monroe, actrice américaine

2

1740 Marquis de Sade (Donatien Alphonse François), écrivain français dont l'œuvre résume la philosophie, *le Sadisme*

1840 Thomas Hardy, poète, romancier et dramaturge anglais

3

1877 Raoul Dufy, peintre et décorateur français, apparenté au mouvement fauviste

1906 Joséphine Baker, artiste de music-hall française

4

1738 George III, Roi de Grande-Bretagne et d'Irlande de 1760 à 1820

1911 Paulette Goddard, actrice américaine, épouse de C. Chaplin de 1936 à 1942

5

Journée internationale de l'environnement

1819 John Couch Adams, mathématicien et astronome anglais, découvreur de la planète Neptune en même temps que Le Verrier

1898 Federico Garcia Lorca, poète et auteur dramatique espagnol

6

1606 Pierre Corneille, poète dramatique et académicien français

1875 Thomas Mann, écrivain allemand, prix Nobel de littérature en 1929

7

1848 Paul Gauguin, peintre post-impressionniste français

1917 Dean Martin, chanteur et acteur américain

Juin

8

1810 Robert Alexander Schumann, compositeur allemand

1903 Marguerite Yourcenar, romancière française, première femme élue à l'Académie française

9

1672 Pierre Alekseievitch Le Grand, Empereur de Russie de 1682 à sa mort en 1725

1892 Cole Porter, musicien, auteur-compositeur américain

10

1915 Saül Bellow, écrivain américain né au Québec, prix Nobel de littérature en 1976

1921 Prince Philip, duc d'Edimbourg

11

1864 Richard Strauss, chef d'orchestre et compositeur allemand

1922 Jacques Yves Cousteau, océanographe et cinéaste français

12

1924 George Bush, 41e président des États-Unis

1929 Anne Frank, auteure juive d'un journal intime

13

1865 William Butler Yeats, écrivain irlandais, prix Nobel de littérature en 1923

1894 Jacques-Henri Lartigue, photographe français

14

1907 René Char, poète français, marqué par l'influence du surréalisme

1969 Steffi Graf, championne de tennis allemande

Juin

15

1843 Edvard Grieg, compositeur norvégien

1943 Johnny Halliday (Jean-Philippe Smet), chanteur français

16

1890 Stan Laurel (Arthur Stanley Jefferson), acteur britannique partenaire de Oliver Hardy, ils forment le couple le plus célèbre de l'histoire du cinéma

1952 Michel Blanc, acteur français

17

1818 Charles François Gounod, compositeur français

1882 Igor Stravinski, compositeur russe

18

1942 Paul McCartney, auteur-compositeur-interprète britannique, membre du groupe *The Beatles*

19

1623 Blaise Pascal, mathématicien, physicien et philosophe français

1947 Salman Rushdie, romancier britannique, auteur des *Versets sataniques*

20

1819 Jacques Offenbach, compositeur français d'origine allemande

1909 Errol Flynn, acteur américain d'origine australienne

21

1905 Jean-Paul Sartre, écrivain et philosophe français existentialiste

1935 Françoise Sagan, écrivaine française

Juin

«À la Saint-Jean
Les feux sont grands.»
Dicton français

22

1898 Erich Maria Remarque, écrivain allemand

23

1763 Impératrice Joséphine, épouse de Napoléon

1910 Jean Anouilh, auteur dramatique français

24

Saint-Jean-Baptiste, Fête nationale du Québec

1911 Juan Manuel Fangio, coureur automobile argentin, première grande vedette des courses de Formule 1

1930 Claude Chabrol, cinéaste français

25

1903 George Orwell, romancier et essayiste britannique

1941 Denys Arcand, cinéaste québécois

1945 Robert Charlebois, auteur-compositeur-interprète québécois

26

1753 Comte de Rivarol (Antoine de Rivaroli), journaliste et écrivain français

1892 Pearl Buck, romancière américaine, prix Nobel de littérature en 1938

27

1880 Helen Keller, auteure et conférencière américaine, née sourde, muette et aveugle

1884 Gaston Bachelard, philosophe français

28

1577 Pierre Paul Rubens, peintre et dessinateur flamand

1712 Jean-Jacques Rousseau, écrivain et philosophe genevois de langue française

Juin

29

· **1900** Antoine Marie Roger de Saint-Exupéry, aviateur et écrivain français

1914 Rafaël Kubelik, chef d'orchestre et compositeur tchécoslovaque

30

1884 Georges Duhamel, écrivain français, prix Goncourt en 1918 et membre de l'Académie française

1911 Ruskin Spear, peintre portraitiste britannique

L'étranger

– Qui aimes-tu le mieux, homme énigmatique, dis?
ton père, ta mère, ta sœur ou ton frère?
– Je n'ai ni père, ni mère, ni sœur, ni frère.
– Tes amis?
– Vous vous servez là d'une parole dont le
sens m'est resté jusqu'à ce jour inconnu.
– Ta patrie?
– J'ignore sous quelle latitude elle est située.
– La beauté?
– Je l'aimerais volontiers, déesse et immortelle.
– L'or?
– Je le hais comme vous haïssez Dieu.
– Eh! qu'aimes-tu donc, extraordinaire étranger?
– J'aime les nuages... les nuages qui passent... là-bas... là-bas...
les merveilleux nuages!

Charles BAUDELAIRE

Juillet

«Avoir besoin qu'on ait sans
cesse besoin de nous,
c'est presque tout l'amour.»

Jean ROSTAND

Juillet

«D'un océan à l'autre»

Devise

1

Fête nationale du Canada

1804 George Sand (Aurore Dupin, baronne Dudevant), romancière française

1931 Leslie Caron, actrice française

2

1877 Hermann Hesse, écrivain suisse d'origine allemande, prix Nobel de littérature en 1946

1922 Pierre Cardin, couturier français

3

1883 Franz Kafka, écrivain tchèque d'expression allemande

1927 Ken Russell, cinéaste britannique, auteur de films documentaires

4

1900 Robert Desnos, poète français

1909 Viviane Romance (Pauline Ortmans), danseuse et actrice française

5

1889 Jean Cocteau, poète, écrivain, dramaturge, cinéaste et académicien français

1911 Georges Pompidou, homme d'État français, président de 1969 à 1974

6

1934 Michel Crauste, rugbyman français

1935 Dalaï Lama, 14e chef spirituel du Tibet

7

1860 Gustav Mahler, compositeur et chef d'orchestre autrichien

1887 Marc Chagall, peintre et graveur français, d'origine russe

Juillet

8

1838 Ferdinand von Zeppelin, comte, officier et industriel allemand, constructeur de dirigeables rigides qui portent son nom

1839 John D. Rockefeller, industriel et philanthrope américain

9

1924 Pierre Cochereau, compositeur français

1930 Jacques Parizeau, homme politique québécois élu premier ministre du Québec le 12 septembre 1994

10

1830 Camille Pissaro, peintre, lithographe et dessinateur français

1871 Marcel Proust, écrivain français, l'un des grands auteurs du XXᵉ siècle

11

1876 Max Jacob, poète et peintre français

1937 George Gershwin, compositeur américain

12

1884 Amedeo Modigliani, peintre, dessinateur et sculpteur italien

1904 Pablo Neruda, poète chilien, prix Nobel de littérature en 1971

13

1527 John Dee, alchimiste et mathématicien anglais, astrologue de Marie Tudor

14

Fête nationale de la France

1910 Annabella (Suzanne Georgette Charpentier), actrice française, grande vedette du cinéma français des années 30

1918 Ingmar Bergman, écrivain et cinéaste suédois

Juillet

15

1606 Rembrandt, peintre et graveur hollandais

1867 Jean-Baptiste Charcot, savant et explorateur français

16

1486 Andrea del Sarto, peintre italien

1872 Roald Amundsen, explorateur norvégien, premier à atteindre le pôle Sud en 1911

17

1896 Henri Crémieux, acteur français

1914 James Cagney, acteur américain et danseur de claquettes

18

1902 Nathalie Sarraute, écrivaine française d'origine russe

1918 Nelson Mandela, avocat et homme politique sud-africain

19

1799 Comtesse de Ségur (Sophie Rostopchine), écrivaine française d'origine russe

1834 Edgar Degas, peintre, graveur et sculpteur français

20

1304 Pétrarque (Francesco Petrarca), l'un des plus grands poètes italiens

1919 Sir Edmund Hillary, alpiniste et explorateur néo-zélandais, premier à atteindre le sommet de l'Everest

21

1620 Jean Picard, astronome et géodésien français

1899 Ernest Hemingway, romancier et nouvelliste américain, prix Nobel de littérature en 1954

Juillet

22

1822 Gregori Johann Mendel, botaniste et homme religieux autrichien, fondateur de la génétique

1898 Alexander Calder, sculpteur et peintre américain, créateur des «mobiles»

23

1888 Raymond Chandler, romancier américain

1892 Haïlé Sélassié, empereur d'Éthiopie de 1930 à 1974

24

1802 Alexandre Dumas (père), romancier, poète et homme de théâtre français

1949 Yves Duteil, auteur-compositeur français

25

1894 Yvonne Printemps, actrice et femme de théâtre française

1947 Jean-Paul Coche, judoka français

26

1875 Carl Gustav Jung, psychiatre et psychologue suisse

1894 Aldous Huxley, romancier et essayiste anglais

27

1917 Bourvil (André Raimbourg), comédien, l'un des plus grands comiques français

1927 Gisèle Halimi, avocate française d'origine tunisienne, militante de la cause des femmes, élue député en 1981

28

1887 Marcel Duchamp, peintre et dessinateur français

1929 Jacqueline Kennedy Onassis (née Bouvier), veuve du président J. F. Kennedy qui épousa l'armateur Aristote Onassis

Juillet

29

1805 Charles Alexis Clerel de Tocqueville, écrivain et homme politique français

1883 Benito Mussolini, dictateur italien

30

1511 Giorgio Vasari, peintre, architecte et écrivain italien

1818 Emily Brontë, poétesse et romancière anglaise, auteure de *Les Hauts de Hurlevent*

31

1914 Louis de Funes, acteur, vedette du cinéma français comique

1944 Géraldine Chaplin, actrice américaine, fille de Charlie Chaplin

Sagesse

[...] Le ciel est, par-dessus le toit,
  Si bleu, si calme!
Un arbre, par-dessus le toit,
  Berce sa palme.

La cloche, dans le ciel qu'on voit,
  Doucement tinte.
Un oiseau sur l'arbre qu'on voit
  Chante sa plainte.

Mon Dieu, mon Dieu, la vie est là,
  Simple et tranquille.
Cette paisible rumeur-là
  Vient de la ville.

– Qu'as-tu fait, ô toi que voilà
  Pleurant sans cesse,
Dis, qu'as-tu fait, toi que voilà,
  De ta jeunesse? [...]

Paul VERLAINE

Août

«Que ta vie soit comme
une rose qui parle
silencieusement par
son parfum.»

SRI SATHYA SAI BABA

Août

1

1838 Jules Léotard, acrobate et premier trapéziste volant, créateur du costume portant son nom

1916 Anne Hébert, poétesse et écrivaine québécoise

2

1897 Philippe Soupault, écrivain français, un des personnages essentiels du mouvement surréaliste

1914 Félix Leclerc, auteur-compositeur et chanteur québécois

3

1905 Dolores del Rio, actrice mexicaine

1929 Cécile Aubry, actrice française

4

1792 Percy Bysshe Shelley, poète romantique anglais

1904 Witold Gombrowicz, écrivain polonais

5

1850 Guy de Maupassant, romancier et nouvelliste français

1930 Neil Armstrong, astronaute américain, premier homme à marcher sur la Lune

6

1868 Paul Claudel, diplomate, écrivain et académicien français

1881 Alexander Fleming, bactériologiste écossais, découvreur de la pénicilline

7

1867 Mata Hari, danseuse, espionne et agent double de la Première Guerre mondiale

1932 Abede Bikila, athlète éthiopien qui courait les marathons pieds nus

Août

8

1900 Victor Young, chef d'orchestre et compositeur américain, principalement de trames sonores de films

1937 Dustin Hoffman, acteur américain

9

1905 Pierre Klossowski, écrivain français d'origine polonaise

1938 Rodney Laver, champion de tennis australien

10

1810 Camillo Benso, comte de Cavour, homme d'État italien, le père de l'unité italienne

1941 Anita Lonsborough (Porter), championne de natation britannique

11

1778 Friedrich Ludwig Jahn, pédagogue allemand, le père de la gymnastique

1897 Enid Blyton, écrivaine anglaise, auteure de littérature pour enfants

12

1881 Cecil Blount de Mille, cinéaste américain, producteur des *Dix commandements*

1926 René Vignal, footballeur français, surnommé «le gardien volant»

13

1899 Alfred Hitchcock, cinéaste américain d'origine anglaise, un des plus grands maîtres des films à suspens

1927 Fidel Castro, homme d'État cubain, révolutionnaire et leader politique

14

1867 John Galsworthy, écrivain anglais, prix Nobel de littérature en 1932

1910 Pierre Schaeffer, compositeur français, inventeur de la musique concrète

Août

15
1769 Napoléon Bonaparte, empereur et leader militaire français

1888 Lawrence d'Arabie, soldat et écrivain britannique

1924 Robert Bolt, dramaturge anglais, auteur du film *Lawrence d'Arabie*

16
1913 Menachem Begin, Premier ministre d'Israël de 1977 à 1983

1958 Madonna (Louise Veronica Ciccone), actrice et chanteuse américaine

17
1770 Friedrich Hegel, philosophe allemand

1907 Roger Peyrefitte, diplomate et romancier français

18
1750 Antonio Salieri, compositeur italien, grand rival de Wolgang Amadeus Mozart

1933 Roman Polanski, cinéaste polonais

19
1743 Comtesse du Barry (Marie Jeanne Bécu), favorite de Louis XV

1883 Coco Chanel (Gabrielle Chasnel), considérée comme le plus célèbre couturier français du XXᵉ siècle

20
1860 Raymond Poincaré, avocat, homme d'État et académicien français

1921 Jacqueline Susann, romancière américaine

21
1904 Count Basie, pianiste et compositeur de jazz américain

1930 Princesse Margaret (Rose), sœur cadette de la Reine Élizabeth II

Août

22
1862 Claude Debussy, compositeur français

1908 Henri Cartier Bresson, photographe, cinéaste et dessinateur français

23
1769 Georges Cuvier, baron, zoologiste, paléontologue et académicien français

1912 Gene Kelly, danseur, chorégraphe, chanteur, acteur et cinéaste américain

24
1899 Jorge Luis Borges, écrivain argentin

1916 Léo Ferré, auteur-compositeur français

1922 René Lévesque, ex-premier ministre du Québec

25
1845 Louis II de Bavière, mégalomane et misanthrope

1918 Leonard Bernstein, chef d'orchestre et compositeur américain

26
1743 Antoine Laurent de Lavoisier, chimiste français, père de la chimie moderne

1880 Guillaume Apollinaire, écrivain français, théoricien et précurseur du *Surréalisme*

27
1871 Albert Lebrun, homme d'État français, président de la République (1932-1940)

1910 Mère Teresa de Calcutta, religieuse missionnaire de la Charité, prix Nobel de la paix en 1979, et Ordre du Mérite en 1986

28
1749 Johann Wolfgang von Goethe, écrivain, homme politique et savant allemand

1828 Léon Tolstoï, écrivain russe, un des maîtres de la littérature russe

Août

29

1619 Jean-Baptiste Colbert, homme d'État et académicien français

1780 Jean Auguste Dominique Ingres, peintre classique français

30

1748 Jacques-Louis David, peintre français

1943 Jean-Claude Killy, champion de ski français

31

1811 Théophile Gautier, écrivain français et théoricien de l'*Art pour l'art*

1870 Maria Montessori, éducatrice italienne, créatrice du système Montessori

Le renard et les raisins

Certain renard gascon, d'autres disent normand,
Mourant presque de faim, vit au haut d'une treille
    Des raisins mûrs apparemment
    Et couverts d'une peau vermeille.
Le galand en eût fait volontiers un repas;
    Mais, comme il n'y pouvait atteindre :
«Ils sont trop verts, dit-il, et bons pour des goujats.»
    Fit-il pas mieux que de se plaindre?

Jean de LA FONTAINE

Septembre

«L'écriture,
c'est passer le temps.
La musique,
c'est le faire passer.
La peinture,
c'est l'effacer.»

Georges PERROS

Septembre

1
1653 Johann Pachelbel, compositeur allemand

1881 Octave Aubry, historien français

2
1938 Michael Hastings, dramaturge britannique

1952 Jimmy Connors, champion de tennis américain

3
1859 Jean Jauresen, universitaire, journaliste et homme politique français, leader du socialisme français au début du XXe siècle

1875 Ferdinand Porsche, constructeur automobile

4
1768 François-René de Chateaubriand, écrivain, vicomte, homme politique et académicien français

1824 Anton Brückner, organiste et compositeur autrichien

5
1791 Giacomo Meyerbeer, compositeur allemand

1831 Victorien Sardou, dramaturge français, auteur de *Fedora* et de *La Tosca*

6
1757 Marquis de LaFayette, général et homme politique français

1900 Julien Green, écrivain français d'origine américaine

7
1533 Élizabeth 1ère, reine d'Angleterre (1558-1603)

1621 Jean de LaFontaine, poète et académicien français, célèbre pour ses fables

Septembre

8

1830 Frédéric Mistral, poète français, prix Nobel de littérature en 1905

1910 Jean-Louis Barrault, acteur et cinéaste français

9

1585 Cardinal de Richelieu, homme d'État français et évêque de Luçon

1873 Max Reinhardt (Goldman), cinéaste et directeur de théâtre autrichien

10

1727 Giovanni Domenico Tiepolo, peintre rococo italien

1929 Arnold Palmer, champion golfeur américain, l'un des plus célèbres de ce sport

11

1885 David Herbert Lawrence, poète et romancier britannique

1917 Ferdinand Marcos, homme politique philippin

12

1888 Maurice Chevalier, acteur et chanteur français

1917 Han Suyin, médecin et écrivaine

13

1860 John Joseph Pershing, général américain surnommé «Black Jack»

1874 Arnold Shönberg, compositeur autrichien

14

1760 Luigi Cherubini, compositeur italien, célèbre pour sa musique sacrée

1849 Ivan Petrovitch Pavlov, physiologiste russe, découvreur du réflexe conditionné, prix Nobel de physiologie et de médecine en 1904

Septembre

15
1890 Agatha Christie, écrivaine anglaise, spécialiste du roman policier

1894 Jean Renoir, cinéaste français

16
1887 Hans Arp, peintre, sculpteur et poète français

1924 Lauren Bacall, actrice américaine

17
1743 Marquis de Condorcet, mathématicien, philosophe et académicien français

1931 Anne Bancroft, actrice américaine

18
1819 Léon Foucault, physicien français

1905 Greta Garbo, actrice suédoise naturalisée américaine

19
1911 Sir William Golding, auteur anglais, prix Nobel de littérature en 1983

1948 Jeremy Irons, acteur britannique

20
1878 Upton Sinclair, écrivain américain

1934 Sophia Loren, actrice italienne

21
1904 Hans Hartung, peintre français d'origine allemande, pionner de l'*Art abstrait lyrique*

1934 Léonard Cohen, chanteur-poète-écrivain canadien

Septembre

22

1791 Michael Faraday, physicien et chimiste anglais

1885 Erich von Stroheim, acteur et réalisateur autrichien

23

1930 Ray Charles, musicien et chanteur américain

1938 Romy Schneider, comédienne d'origine autrichienne

24

1896 Francis Scott Fitzgerald, romancier et nouvelliste américain

1932 Svetlana Beriosova, ballerine russe des Grands ballets de Monte-Carlo et du Ballet Royal

25

1683 Jean-Philippe Rameau, compositeur, claveciniste et organiste français

1843 Melvyn Reuben Bissel, américain, inventeur de l'aspirateur

26

1897 Paul VI (Giovanni Battista Montini), homme d'Église italien, pape (1963-1978)

1898 George Gershwin, compositeur américain, auteur de comédies musicales

27

1601 Louis XIII, roi de France (1610-1643)

1627 Jacques Benigne Bossuet, prédicateur, écrivain et académicien français

28

1841 Georges Clémenceau, homme politique et académicien français

1934 Brigitte Bardot, actrice française, mythe des années 1950-60

Septembre

29

1518 Tintoret (Il Tintoretto) peintre italien, un des plus importants de l'*École vénitienne*

1547 Miguel de Cervantes, écrivain espagnol, auteur de *Don Quichotte*

30

1908 David Oistrakh, violonniste soviétique, concertiste et chef d'orchestre

1931 Angie Dickinson, actrice américaine

Ma bohème

Je m'en allais, les poings dans mes poches crevées;
Mon paletot aussi devenait idéal;
J'allais sous le ciel. Muse! et j'étais ton féal :
Oh! là! là! que d'amours splendides j'ai rêvées!

Mon unique culotte avait un large trou.
— Petit Poucet rêveur, j'égrenais ma course
Des rimes. Mon auberge était à la Grande-Ourse.
— Mes étoiles au ciel avaient un doux frou-frou

Et je les écoutais, assis au bord des routes,
Ces bons soirs de septembre où je sentais des gouttes
De rosée à mon front, comme un vin de vigueur;

Où rimant au milieu des ombres fantastiques,
Comme des lyres, je tirais les élastiques
De mes souliers blessés, un pied près de mon cœur!

Arthur RIMBAUD

Octobre

«Chaque pomme
est une fleur
qui a connu l'amour.»

Félix LECLERC

Octobre

1
1842 Charles Cros, poète, savant et inventeur français

1935 Julie Andrews, chanteuse et actrice britannique

2
1869 Mohandas Karamchand Gandhi, philosophe et homme politique indien surnommé *la Grande Âme*

1904 Graham Greene, journaliste et écrivain britannique

3
1867 Pierre Bonnard, peintre français

1897 Louis Aragon, écrivain et poète français

4
1814 Jean-François Millet, peintre français, un des maîtres de l'école de Barbizon

1947 Julien Clerc, chanteur français

5
1864 Louis Lumière, industriel français, co-inventeur du cinématographe

1936 Vaclav Havel, écrivain et homme d'État tchèque

6
1745 Jacques Étienne Montgolfier, industriel français co-inventeur des montgolfières avec son frère Joseph Michel

1887 Le Corbusier (Édouard Jeanneret), architecte, urbaniste et peintre français

7
1936 Charles Dutoit, chef de l'orchestre symphonique de Montréal

1955 Yo Yo Ma, violoncelliste chinois, né à Paris

Octobre

8

1895 Juan Domingo Peron, homme d'État argentin

1896 Julien Duvivier, cinéaste français

9

1835 Camille Saint-Saëns, compositeur et pianiste français

1908 Jacques Tati, acteur français

10

1684 Antoine Watteau, peintre et dessinateur français

1813 Giuseppe Verdi, compositeur italien, auteur de nombreux opéras

11

1821 Sir George Williams, réformateur social anglais, fondateur du YMCA en 1844

1885 François Mauriac, écrivain, journaliste et académicien français, prix Nobel de littérature en 1952

12

1807 Louis Hémon, écrivain français, auteur de *Maria Chapdelaine*

1935 Luciano Pavarotti, chanteur d'opéra italien

13

1921 Yves Montand, chanteur et acteur français d'origine italienne

1925 Margaret Thatcher, femme d'État et Premier ministre britannique de 1979 à 1990

14

1890 Dwight David Eisenhower, général et homme d'État américain, 34e président des États-Unis

1928 Roger Moore, acteur britannique

Octobre

15

1836 Friedrich Wilhelm Nietzsche, philosophe allemand

1920 Mario Puzo, écrivain américain

16

1854 Oscar Wilde, écrivain britannique d'origine irlandaise

1927 Günther Grass, auteur et sculpteur allemand

17

1760 Comte de Saint-Simon, philosophe et économiste français

1915 Arthur Miller, dramaturge américain, auteur de *La mort d'un commis voyageur*

18

1741 Pierre de Laclos, écrivain français, auteur de *Les liaisons dangereuses*

1919 Pierre Elliot Trudeau, homme d'État canadien, Premier ministre (1968-1979 et 1980-1984)

19

1899 Miguel Anguel Asturias, romancier et poète guatémaltèque, prix Nobel de littérature en 1967

1931 John le Carré, romancier britannique

20

1854 Arthur Rimbaud, poète français, symbole de la révolte poétique

1891 Sir James Chadwick, physicien anglais, prix Nobel en 1935 pour sa découverte du neutron

21

1790 Alphonse de Lamartine, poète, homme politique et académicien français

1833 Alfred Nobel, industriel et chimiste suédois, fondateur des prix littéraires, scientifiques et philantropiques

Octobre

22

1811 Franz Liszt, compositeur et pianiste hongrois

1943 Catherine Deneuve (Catherine Dorléac), actrice française

23

1817 Pierre Larousse, pédagogue, encyclopédiste et éditeur français

1844 Robert Bridges, médecin et poète anglais

24

1769 Jacques Lafitte, banquier français

1927 Gilbert Bécaud, chanteur français

25

1825 Johann Strauss fils, compositeur autrichien, surnommé *le Prince de la valse*

1881 Pablo Picasso, peintre, dessinateur, graveur et sculpteur espagnol

26

1879 Léon Trotski, théoricien et homme politique russe

1916 François Mitterrand, homme d'État français, élu président en 1981

27

1782 Niccolo Paganini, violonniste et compositeur italien

1928 Gilles Vigneault, auteur-compositeur-interprète québécois

28

1846 George-Auguste Escoffier, chef cuisinier français, auteur du *Guide de la cuisine moderne*

1914 Jonas Salk, microbiologiste américain ayant découvert le vaccin contre la poliomyélite

Octobre

29

30

31

Le cancre

Il dit non avec la tête
mais il dit oui avec le cœur
il dit oui à ce qu'il aime
il dit non au professeur
il est debout
on le questionne
et tous les problèmes sont posés
soudain le fou rire le prend
et il efface tout
les chiffres et les mots
les dates et les noms
les phrases et les pièges
et malgré les menaces du maître
sous les huées des enfants prodiges
avec des craies de toutes les couleurs
sur le tableau noir du malheur
il dessine le visage du bonheur

Jacques PRÉVERT

Novembre

«Les miroirs feraient
bien de réfléchir un peu plus
avant de renvoyer
les images.»

Jean COCTEAU

Novembre

«À la Toussaint
Le froid revient
Et met l'hiver en train.»

Dicton français

1

La Toussaint

1757 Antonio Canova, sculpteur italien néo-classique

1935 Gary Player, champion golfeur sud-africain

2

1755 Marie-Antoinette, fille de François 1er et épouse de Louis XVI, roi de France

1906 Luchino Visconti, cinéaste italien

3

1801 Vincenzo Bellini, compositeur italien

1901 André Malraux, écrivain et homme politique français

4

1875 Will Rogers, humoriste et acteur américain

1943 Marlène Jobert, actrice française

5

1938 Joe Dassin, chanteur populaire français

1940 Elke Sommer, actrice allemande

6

1814 Adolphe Sax, flûtiste français, inventeur du saxophone

1854 John Philip Sousa, chef d'orchestre et compositeur américain

7

1867 Marie Curie, physicienne française d'origine polonaise, lauréate de deux prix Nobel

1913 Albert Camus, écrivain français d'origine algérienne, prix Nobel de littérature en 1952

Novembre

8

1656 Edmond Halley, astronome et mathématicien britannique

1935 Alain Delon, acteur français

9

1818 Ivan Sergueïevitch Tourgueviev, romancier et dramaturge russe

1909 Katharine Hepburn, actrice américaine

10

1668 François Couperin, compositeur et harpiste français

1925 Richard Burton, acteur britannique

11

1885 George Patton, général américain durant la Deuxième Guerre mondiale

1898 René Clair, cinéaste français

12

1834 Alexandre Borodine, médecin, professeur et compositeur russe

1840 François Auguste Rodin, sculpteur français

13

1850 Robert Louis Balfour Stevenson, écrivain britannique, auteur de récits d'aventures

1912 Eugène Ionesco, auteur et dramaturge français d'origine roumaine

14

1840 Claude Monet, peintre impressionniste français

1948 Prince Charles, Prince de Galle et environnementaliste enthousiaste

Novembre

15

1738 Sir William Herschel, astronome et organiste britannique d'origine allemande

1757 Jacques Hébert, journaliste et homme politique français

16

1717 Jean le Rond d'Alembert, mathématicien, philosophe et académicien français

1867 Léon Daudet, journaliste et écrivain français, fils d'Alphonse Daudet

17

1755 Louis XVIII, roi de France (1814-1824)

1925 Rock Hudson, acteur américain

18

1789 Louis-Jacques Daguerre, photographe français, pionnier de la photographie

1901 George Gallup, organisateur de sondages d'opinion publique

19

1805 Ferdinand de Lesseps, vicomte, diplomate et administrateur français

1917 Indira Gandhi, femme d'État indienne, et première femme Premier ministre de l'Inde

20

1907 Henri-Georges Clouzot, cinéaste français

1925 Sénateur Robert Kennedy, frère cadet du président John F. Kennedy

21

1694 Voltaire (François Marie Arouet), écrivain satirique, philosophe et académicien français

1898 René Magritte, peintre surréaliste belge

Novembre

«Sainte-Catherine,
toute fille veut la fêter,
Mais point ne veut la coiffer.»

Dicton français

22

1890 Charles de Gaulle, général et homme d'État français, fondateur de la 5e République dont il devient le premier président en 1958

1918 Andrew Fielding Huxley, neurologue anglais, prix Nobel de médecine en 1963

23

1876 Manuel Maria de Falla, compositeur espagnol

1887 Boris Karloff, acteur anglais, célèbre pour son rôle de *Frankenstein*

24

1632 Baruch Spinoza, philosophe néerlandais

1864 Henri de Toulouse-Lautrec, peintre et lithographe français

25

Sainte-Catherine

1844 Karl Friedrich Benz, ingénieur allemand et pionnier de l'industrie automobile

1881 Jean XXIII, homme d'Église italien, élu pape en 1958

26

1731 William Cowper, poète anglais

1857 Ferdinand de Saussure, linguiste suisse

27

1701 Anders Celcius, astronome et physicien suédois, créateur de l'échelle thermométrique centésimale en 1742

1917 Bourvil (André Raimbourg), acteur français

28

1820 Friedrich Engels, philosophe et économiste allemand

1907 Alberto Moravia, écrivain italien

Novembre

29

1797 Gaetano Donizetti, compositeur italien

1932 Jacques Chirac, homme politique français

30

1835 Mark Twain, journaliste, humoriste et écrivain américain

1874 Sir Winston Leonard Churchill, homme politique britannique, prix Nobel de littérature en 1953

Saisir

[...] Grands yeux dans ce visage,
Qui vous a placés là?
De quel vaisseau sans mâts
Êtes-vous l'équipage?

Depuis quel abordage
Attendez-vous ainsi
Ouverts toute la nuit?

Feux noirs d'un bastingage
Étonnés mais soumis
À la loi des orages.

Prisonniers des mirages,
Quand sonnera minuit
Baissez un peu les cils
Pour reprendre courage. [...]

Jules SUPERVIELLE

Décembre

«Quand une fois on a
goûté du suc des mots,
l'esprit ne peut plus
s'en passer. On y boit
la pensée.»

Joseph JOUBERT

Décembre

1

1761 Marie Tussaud, modeleuse française d'origine suisse, célèbre pour ses personnages en cire

1910 Alicia Markova (Lilian Alicia Marks), ballerine britannique

2

1859 Georges Seurat, peintre et dessinateur français, fondateur de *l'École divisionniste*

1884 Jean Paulhan, écrivain, critique et académicien français

3

1923 Maria Callas, cantatrice soprano grecque née à New York

1930 Jean-Luc Godard, cinéaste français

4

1866 Wassily Kandinsky, peintre français d'origine russe, un grand maître de l'*Art abstrait*

1922 Gérard Philipe, acteur français, l'un des comédiens mythiques du XXe siècle

5

1901 Walt Disney, cinéaste américain, producteur des plus grands films d'animation de l'histoire

1946 José Carreras, chanteur d'opéra espagnol

6

1778 Louis Joseph Gay-Lussac, physicien et chimiste français

1883 Max Linder (Gabriel Neuvielle), acteur et cinéaste français

7

1598 Cavalier Bernin (Gian Lorenzo Bernini), peintre, sculpteur et architecte italien, le maître de l'*Art baroque et monumental*

1863 Pietro Mascagni, compositeur italien, célèbre pour sa *Cavalliera Rusticana*

Décembre

8

1864 Camille Claudel, sculpteur et sœur de Paul Claudel

1865 Jean Sibelius, compositeur finlandais, auteur de *Finlandia*

9

1842 Piotr Alexeïevitch, géographe, officier et révolutionnaire russe, théoricien de l'Anarchisme

1915 Elizabeth Swarzkopf, cantatrice allemande, célèbre soprano

10

1830 Emily Dickinson, poétesse américaine, auteure d'environ 800 poèmes dont seulement sept furent publiés de son vivant

1908 Olivier Messiaen, organiste et compositeur français

11

1803 Hector Berlioz, compositeur français, créateur de la *Musique à programme*

1918 Alexandre Soljenitsyne, écrivain soviétique, prix Nobel de littérature en 1970

12

1821 Gustave Flaubert, écrivain français, auteur de *Madame Bovary*

1863 Edvard Munch, peintre, dessinateur et graveur norvégien

13

1797 Heinrich Heine, poète romantique allemand

1929 Christopher Plummer, acteur canadien

14

1503 Nostradamus (Michel de Nostre-Dame), astrologue et médecin français

1895 Paul Éluard (Eugène Grindel), poète français

Décembre

15

1832 Gustave Eiffel, ingénieur français, créateur de la tour qui porte son nom

1852 Antoine Henri Becquerel, physicien français, prix Nobel en 1903

16

1775 Jane Austen, romancière anglaise

1901 Margaret Mead, anthropologue et auteure américaine

17

1770 Ludwig van Beethoven, compositeur allemand et musicien de génie

1830 Jules Huot de Goncourt, historien et écrivain français

18

1879 Paul Klee, peintre, dessinateur, graveur et écrivain allemand

1947 Steven Spielberg, cinéaste américain

19

1910 Jean Genet, écrivain français

1915 Édith Piaf (Edith Giovanna Gassion), chanteuse française, une des plus célèbres de son temps

20

1639 Jean Racine, poète dramatique et académicien

1805 Thomas Graham, chimiste écossais

21

1804 Benjamin Disraeli, comte de Beaconsfield, écrivain et homme d'État britannique

1954 Chris Evert, championne de tennis américaine

Décembre

22

1858 Giacomo Puccini, compositeur italien, auteur de célèbres opéras

1905 Pierre Brasseur, acteur français

23

1804 Charles Augustin Sainte-Beuve, écrivain et académicien français

1897 Julien Carette, acteur français

24

1818 James Prescott Joule, physicien anglais

1879 Émile Nelligan, poète québécois

1887 Louis Jouvet, acteur et directeur de théâtre

25

Noël

1642 Isaac Newton, physicien, mathématicien et astronome anglais

1883 Maurice Utrillo, peintre et dessinateur français

26

1891 Henry Miller, romancier américain

1893 Mao Tse-toung, homme d'État chinois, fondateur du Parti communiste chinois

27

1822 Louis Pasteur, chimiste, biologiste et académicien français

1948 Gérard Depardieu, acteur français

28

1755 Fabre d'Églantine (Philippe Fabre), poète et homme politique français

1815 Otto von Bismarck, prince et homme d'État prussien

Décembre

29

30

31

Rêvé pour l'hiver

L'hiver, nous irons dans un petit wagon rose
    Avec des coussins bleus.
Nous serons bien. Un nid de baisers fous repose
    Dans chaque coin moelleux.

Tu fermeras l'œil, pour ne point voir, par la glace,
    Grimacer les ombres des soirs,
Ces monstruosités hargneuses, populace
    De démons noirs et de loups noirs.

Puis tu te sentiras la joue égratignée...
Un petit baiser, comme une folle araignée,
    Te courra par le cou...

Et tu me diras : « Cherche ! » en inclinant la tête,
– Et nous prendrons du temps à trouver cette bête
– Qui voyage beaucoup...

Arthur RIMBAUD

Astrologie chinoise

*D'*après
un conte très ancien, le
Bouddha aurait un jour trouvé que la
Chine avait besoin de réorganisation.

Au Nouvel An, il aurait convoqué tous les animaux
de l'Empire, mais seulement douze d'entre eux auraient
répondu à son invitation. Le Rat agressif serait arrivé le
premier, suivi du Bœuf travailleur. Puis vinrent le Tigre
souriant et le Lièvre prudent. L'élégant Dragon et le sage
Serpent ne tardèrent pas, suivis du talentueux Cheval et du
gentil Mouton. Le joyeux Singe et le fier Coq les rejoignirent,
puis ce furent le Chien fidèle et le Cochon scrupuleux.

Pour les récompenser, Bouddha leur aurait attribué une année
à chacun d'eux, en tenant compte de leur ordre d'arrivée.

C'est à partir de ce jour que les années du calendrier chinois ont pris le caractère de l'animal qui lui avait
donné son nom. Et depuis, toutes les personnes
nées au cours d'une année donnée sont mar-
quées par la nature de l'animal
qui y correspond.

Rat

18 février 1912 — 5 février 1913
5 février 1924 — 24 janvier 1925
24 janvier 1936 — 10 février 1937
10 février 1948 — 28 janvier 1949
28 janvier 1960 — 14 février 1961
15 février 1972 — 2 février 1973
2 février 1984 — 19 février 1985
19 février 1996 — 6 février 1997

Le charme inné des Rats attire les amis, de même que leur vive intelligence et leur sociabilité. Cependant, leur affection et leur sympathie ne sont pas toujours durables, car ils sont portés à répandre les ragots et les racontars. Même s'il leur arrive de s'emporter pour des peccadilles, les Rats savent habituellement taire leurs émotions en affichant une image impassible et calme.

Les Rats sont des êtres économes, parfois même cupides, car ils éprouvent un grand besoin de sécurité. Leur ambition et leur détermination leur assurent le succès en affaires, à la condition qu'ils se sentent appuyés et encouragés. Ils réussissent dans de nombreux domaines, tant au travail que dans leurs loisirs.

Mi-femme fatale, mi-femme d'affaires, Madame Rat adore l'état conjugal. Elle aime s'appuyer sur son conjoint tout en affichant une apparence libérale. Économe, sa générosité souvent calculée lui demande toujours un effort; ce qui compte avant tout, c'est la sécurité. Monsieur Rat, ce grand incompris, est parfois difficile à supporter pour autrui car il gaspille son énergie à ruminer son insatisfaction. Par ailleurs, il aime se sentir utile et possède d'impeccables manières.

Bœuf

6 février 1913 — 25 janvier 1914
25 janvier 1925 — 12 février 1926
11 février 1937 — 30 janvier 1938
29 janvier 1949 — 16 février 1950
15 février 1961 — 4 février 1962
3 février 1973 — 22 janvier 1974
20 février 1985 — 8 février 1986
7 février 1997 — 27 janvier 1998

La sérénité et l'équilibre des Bœufs en font des êtres tenaces sur qui l'on peut entièrement compter. Travailleurs acharnés et courageux, ils savent vaincre les difficultés afin d'atteindre les objectifs qu'ils se sont fixés.

Les Bœufs font preuve d'un grand discernement dans le choix de leurs amitiés, et lorsqu'ils décident de vous accorder leur confiance, ils deviennent des amis fiables dont l'aide et les judicieux conseils sont vivement appréciés. Mais n'abusez jamais d'un Bœuf car vous le verrez se métamorphoser en ennemi juré.

Les Bœufs aiment la vie au foyer; ils se révèlent donc d'excellents parents, des amoureux merveilleux et d'honnêtes partenaires. Ils sont sensibles aux besoins d'autrui et savent apporter leur aide aux plus démunis.

Madame Bœuf est vulnérable et préfère son royaume familial au vaste monde. Pour elle, sentiment et devoir ne font qu'un. Comme elle donne toujours le meilleur d'elle-même, elle s'attend à la réciproque. Monsieur Bœuf est plutôt solitaire. Heureux lorsqu'il commande, il est digne du poste important qu'il occupe mais il arrive que son zèle au travail puisse affecter sa vie privée.

Tigre

26 janvier 1914 – 13 février 1915
13 février 1926 – 1er février 1927
31 janvier 1938 – 18 février 1939
17 février 1950 –   5 février 1951
 5 février 1962 – 24 janvier 1963
23 janvier 1974 – 10 février 1975
 9 février 1986 – 28 janvier 1987
28 janvier 1998 – 15 février 1999

*L*es Tigres sont des chefs naturels, des meneurs. Leur nature énergique et leur ardeur au travail les amènent à occuper des postes élevés dans la société. Parfois égocentriques et obstinés, ils n'aiment pas qu'on les dirige ou qu'on leur impose autorité. Ainsi, ils se rebellent souvent contre leurs supérieurs ou leurs aînés, car ils refusent la soumission et sont portés à s'opposer aux personnes qui occupent des postes plus importants que le leur.

Les Tigres peuvent être de grands solitaires. Ils sont la plupart du temps difficiles à apprivoiser puisqu'ils tiennent énormément à leur indépendance et à leur liberté et qu'ils sont souvent instables et impatients. Par ailleurs, ils pourront s'épanouir pleinement en fonction des défis qu'ils sauront relever.

Captivante et sensuelle, Madame Tigre a une allure irrésistible. D'une indépendance exaspérante, elle a besoin de sa liberté comme de l'air qu'elle respire, mais quand elle aime, sa passion est digne du nom de «Tigresse». Extrêmement intéressant, Monsieur Tigre refuse qu'on envahisse son territoire. Parfois autoritaire, il aime jouer au Prince charmant et sera attiré par les femmes qui ont «l'air» faible.

Lièvre

14 février 1915 –   2 février 1916
 2 février 1927 – 22 janvier 1928
19 février 1939 –   7 février 1940
 6 février 1951 – 26 janvier 1952
25 janvier 1963 – 12 février 1964
11 février 1975 – 30 janvier 1976
29 janvier 1987 – 16 février 1988
16 février 1999 –   4 février 2000

*L*a grande sensibilité des Lièvres en fait des personnes intuitives qui recherchent l'amitié d'autrui. Les Lièvres privilégient le bien-être et la sécurité qu'apportent les relations affectives. Ce sont des amis ou des partenaires discrets et délicats, aimables et bienveillants. Tenant par-dessus tout à l'harmonie de leurs relations, ils se retireront au premier signe de mésentente.

En raison de leur réserve naturelle, les Lièvres ont un penchant pour la sécurité de leur intimité qu'ils désirent préserver. Ils tiennent absolument à la tranquillité et à la chaleur d'un vrai foyer. Leur discipline et leur prudence naturelles permettent aux Lièvres de s'adonner à certains jeux de hasard auxquels ils ont énormément de chance.

Madame Lièvre exige énormément de manifestations d'affection : il lui faut argent, foyer, et beaucoup de temps pour la détente. Soignée et élégante, elle adore se bichonner. Son amabilité en fait l'amie rêvée de toute femme. Monsieur Lièvre est un bon mari, un gentil papa et un adorable ami. Son désir d'abandon de la compétition peut le rendre distant ou préoccupé et en fait souvent un rêveur.

Dragon

16 février 1904 –   3 février 1905
3 février 1916 – 22 janvier 1917
23 janvier 1928 –   9 février 1929
8 février 1940 – 26 janvier 1941
27 janvier 1952 – 13 février 1953
13 février 1964 – 1er février 1965
31 janvier 1976 – 17 février 1977
17 février 1988 –   5 février 1989

Les Dragons semblent toujours être les vedettes d'un écran géant. Pour eux, impossible de passer inaperçus, et pour les autres, impossible de leur être indifférents! Ils vous attirent comme l'aimant grâce à leur éclat, à leur charisme et à leur volonté. Entreprenants et dynamiques, les Dragons occupent presque toujours les postes les plus élevés du domaine qu'ils ont choisi. On les retrouve souvent comme têtes d'affiche tant en politique ou en affaires que dans le monde du spectacle. Cependant, les Dragons ont parfois tendance à être imbus d'eux-mêmes et à manquer de délicatesse envers les autres. Il leur arrive également d'être déloyaux ou infidèles, mais leur charme et leur irrésistible séduction vous convaincront probablement de leur accorder une deuxième chance.

Madame Dragon peut sembler très sophistiquée, sage et prudente, mais elle est aussi terre à terre, chaleureuse et compréhensive. Sa vitalité et son éclat la rendent parfois intimidante et peu diplomate. Difficile à comprendre, Monsieur Dragon adore les attentions et le rire, mais il est difficile de l'intéresser longtemps. Il aime la difficulté et ne tolère pas la suprématie d'une femme.

Serpent

4 février 1905 – 25 janvier 1906
23 janvier 1917 – 10 février 1918
10 février 1929 – 29 janvier 1930
27 janvier 1941 – 14 février 1942
14 février 1953 –   2 février 1954
2 février 1965 – 20 janvier 1966
18 février 1977 –   6 février 1978
6 février 1989 – 26 janvier 1990

Les Serpents possèdent un instinct infaillible pour tirer le meilleur parti de toutes les occasions. Grâce à leur créativité tout à fait particulière, ils n'ont pas leur pareil pour conduire à de grandes réussites les projets auxquels personne ne croit. Ainsi, ils réussissent souvent en affaires. Habiles et ingénieux, les Serpents savent démontrer qu'ils possèdent de grandes compétences dans leur domaine, sans toutefois s'abaisser à des mesquineries.

Les Serpents sont des êtres romantiques. Attentifs au bien-être et au bonheur des êtres chers de leur entourage, ils ont tendance à se laisser aller au chagrin ou à l'amertume s'ils ne retrouvent pas cette même attention chez leurs proches.

Très séduisante, Madame Serpent est toujours attirée par les mondanités et le grand luxe. Elle est de bon conseil et aime aider, mais ne supporte pas les tracasseries. Partenaire fidèle elle peut être encline à la jalousie. Beau et élégant, Monsieur Serpent tient sa vie bien en main et il aime s'occuper des autres. Il n'affiche pas son mécontentement, mais peut très bien disparaître du jour au lendemain!

Cheval

25 janvier 1906 – 12 février 1907
11 février 1918 – 31 janvier 1919
30 janvier 1930 – 16 février 1931
15 février 1942 – 4 février 1943
3 février 1954 – 23 janvier 1955
21 janvier 1966 – 8 février 1967
7 février 1978 – 27 janvier 1979
27 janvier 1990 – 14 février 1991

Les Chevaux inspirent l'amitié et la camaraderie. Ce sont de sympathiques amis, bien que leur nature impétueuse les amène parfois à se rebiffer. Leur puissance, leur vigueur et leur résistance naturelles en font des travailleurs infatigables et acharnés, mais dans certaines situations, leur enthousiasme effréné peut les rendre fougueux et têtus.

Les Chevaux aiment énormément s'amuser; les loisirs, et, en particulier les voyages, font partie de leur mode de vie. Mais s'ils savent jouir des plaisirs que leur procure l'argent, ils ne le dépensent pas de manière excessive ou désordonnée. Lorsqu'ils sont amoureux, les Chevaux ont tendance à perdre la tête au point d'en oublier la réalité.

Volontaire et pratique à l'excès, Madame Cheval est douée pour les activités techniques ou artistiques. Franche et têtue, elle aime qu'on lui cède, ce qui peut rendre les relations amoureuses pour le moins difficiles. Monsieur Cheval résiste à l'amour même s'il en a besoin. Pragmatique et travailleur, aimant mais possessif, il règne sur ses sujets dont il exige fidélité et dévouement.

Mouton

13 février 1907 – 1ᵉʳ février 1908
1ᵉʳ février 1919 – 19 février 1920
17 février 1931 – 5 février 1932
5 février 1943 – 24 janvier 1944
24 janvier 1955 – 11 février 1956
9 février 1967 – 29 janvier 1968
28 janvier 1979 – 15 février 1980
15 février 1991 – 3 février 1992

Les Moutons se distinguent par leur gentillesse et leur dévouement. Leur sens artistique naturel sera aiguillé vers les métiers d'art auxquels ils excellent, car ils sont portés à suivre les sentiers traditionnels plutôt qu'à rechercher leur style personnel. Le plus souvent crédules ou passifs, les moutons ont tendance à se laisser mener, parfois même à se laisser berner, car leur conduite et leurs opinions se modèlent sur celles de leur entourage.

Habituellement paisibles et doux, les Moutons affichent une humeur débonnaire afin d'inspirer confiance, mais ils peuvent parfois céder à de violentes colères. Mal guidés ou laissés à eux-mêmes, il leur arrive de manquer à leurs responsabilités et de se détacher de la réalité. Le tact et la délicatesse font des Moutons, des êtres de diplomatie et de paix.

Séduisante et ensorceleuse, Madame Mouton n'a pas son pareil pour dénicher le mari qu'il lui faut. Sensuelle et généreuse, elle a besoin de sentir qu'on l'aime profondément et de façon durable. Monsieur Mouton est un être tout à fait adorable mais qui a du mal à s'occuper du quotidien. Préférable comme amant plutôt que comme mari, il laissera volontiers sa femme porter la culotte.

Singe

2 février 1908 – 21 janvier 1909
20 février 1920 – 7 février 1921
6 février 1932 – 25 janvier 1933
25 janvier 1944 – 12 février 1945
12 février 1956 – 30 janvier 1957
30 janvier 1968 – 16 février 1969
16 février 1980 – 4 février 1981
4 février 1992 – 22 janvier 1993

Bourrés de talents et dotés d'une grande intelligence, les Singes possèdent la faculté de s'adapter à toutes les circonstances. Rusés et malins, ils sont d'excellents négociateurs, ce qui leur permet de réussir en affaires. D'autre part, leur adresse et leur verve naturelle en font des comédiens ou des imitateurs hors pair.

Les Singes s'avèrent de merveilleux compagnons, enjoués et amusants, mais pas toujours fiables, car ils peuvent être enclins à la tromperie et à la coquinerie dans leurs rapports avec autrui. Ainsi, ils éprouveront le besoin de vivre de nombreuses expériences avant de s'engager dans une relation profonde et stable.

La fantaisiste Madame Singe est dotée d'une innocence désarmante et des plus attachantes. Elle possède une grande facilité d'adaptation et reste fidèle à un seul homme aussi longtemps qu'il lui semble intéressant. Monsieur Singe, ce charmant cinglé, a toujours l'air d'avoir pleuré ou ri plus que les autres. Il ne se prend pas au sérieux, ce qui est peut-être la clé de son éternelle jeunesse.

Coq

22 janvier 1909 – 8 février 1910
8 février 1921 – 27 janvier 1922
26 janvier 1933 – 13 février 1934
13 février 1945 – 1er février 1946
31 janvier 1957 – 17 février 1958
17 février 1969 – 5 février 1970
5 février 1981 – 24 janvier 1982
23 janvier 1993 – 9 février 1994

Les Coqs sont des personnes fières, parfois même un peu hautaines. Travailleurs excessifs, ils sont efficaces et autonomes, mais ont tendance à accepter plus de travail que leurs moyens ne le permettent, se retrouvant ainsi dans des situations difficiles et souvent décevantes. De plus, leurs exigences envers les collègues moins compétents les rendent parfois un peu trop autoritaires.

Les Coqs sont honnêtes et sincères, mais leur franchise teintée de rudesse peut parfois brouiller ou rompre les amitiés. Extravagants et originaux, ils font d'excellents explorateurs, car ils adorent l'aventure et les grandes expéditions.

Madame Coq est très mère poule, bien qu'elle tienne à ses activités personnelles. L'inefficacité lui est insupportable et peut la rendre autoritaire et sermonneuse. Elle a besoin d'approbation et d'applaudissements. D'humeur changeante, Monsieur Coq ressent toujours l'attraction du monde extérieur. Par nature conservateur, il est toutefois un grand séducteur qui sait mettre en valeur ses points forts.

Chien

10 février 1910 – 29 janvier 1911
28 janvier 1922 – 15 février 1923
14 février 1934 – 3 février 1935
2 février 1946 – 21 janvier 1947
18 février 1958 – 7 février 1959
6 février 1970 – 26 janvier 1971
25 janvier 1982 – 12 février 1983
10 février 1994 – 30 janvier 1995

Les Chiens sont des exemples de fidélité et de soumission. Grands travailleurs, ils accomplissent toujours leur devoir le mieux possible et au meilleur de leur connaissance. Peu enclins à la nouveauté et aux idées originales, ils sont plutôt de nature conservatrice. Ils éprouvent une certaine lenteur à apprendre, ce qui peut parfois impatienter leurs proches.

Les Chiens aiment communiquer intimement avec autrui. Leur sympathie naturelle, de même que leur indulgence et leur discrétion, en font des amis recherchés. Par contre, si vous leur êtes antipathique, ils peuvent devenir sarcastiques ou démontrer de l'agressivité. Les Chiens apprécient énormément les encouragements, car ils ont tendance à manquer de confiance en eux.

Madame Chien se croit ambitieuse alors qu'elle n'a que la convoitise du pouvoir. Elle a besoin qu'on lui remonte le moral, qu'on l'abreuve de paroles de réconforts et de chaleureuses embrassades. Monsieur Chien est du genre méfiant. Trop d'interventions extérieures l'irrite, mais il est toujours reconnaissant de la confiance et des encouragements qu'on lui témoigne.

Cochon

30 janvier 1911 – 17 février 1912
16 février 1923 – 4 février 1924
4 février 1935 – 23 janvier 1936
22 janvier 1947 – 9 février 1948
8 février 1959 – 27 janvier 1960
27 janvier 1971 – 15 janvier 1972
13 février 1983 – 1er février 1984
31 janvier 1995 – 18 février 1996

Les Cochons sont des modèles de tolérance et de compassion pour les autres. Ils sont attentifs au bien-être des personnes qui les entourent, particulièrement aux membres de leur famille auxquels ils se dévouent sans compter. Ils savent écouter et comprendre leurs semblables et leur généreuse indulgence leur attire des amis pour la vie.

Les Cochons sont des êtres consciencieux dont le sens des responsabilités en fait des travailleurs appliqués et fiables. Ils ont à cœur de toujours faire de leur mieux et de prouver leur compétence, car ils tiennent à mériter leur réussite par leurs efforts personnels et leur travail assidu.

Madame Cochon est simplement merveilleuse. Elle ne cherche aucune gloire de sa gentillesse, mais elle risque de regretter de ne s'être pas affirmée davantage. Elle a besoin d'une aile protectrice et de loyauté. Charmeur et enjôleur, Monsieur Cochon est attiré par la bonté. Séduisant, aimant et honnête, il possède un cœur tendre et confiant, ce qui le porte parfois à des accès de mélancolie.

Signes du zodiaque

C'est à certains
bergers de Chaldée qu'on
impute les origines de l'astrologie...
La nuit, alors qu'ils gardaient leurs trou-
peaux tout en observant le firmament, il leur
semblait que les points lumineux des étoiles
formaient des dessins sur l'encre bleue du ciel.
Les chercheurs et les savants, pour leur part, consta-
taient que les personnes nées à la même époque de
l'année démontraient des traits de caractère analogues.

Aussi étrange que cela puisse paraître, l'influence des
planètes sur le comportement des hommes et sur les
événements de notre terre correspond à la caractérologie
tirée de la date de naissance. Bien sûr, il ne suffit
pas d'être né sous un signe pour en représenter
le type parfait. D'autres facteurs viennent
personnaliser chaque individu, mais
certains traits de caractère géné-
raux demeurent toujours
présents.

Bélier

21 mars – 20 avril

*L*es Béliers sont des êtres instinctifs et enthousiastes. Simples et directs, ils possèdent une grande capacité de discernement et font face aux difficultés avec franchise et loyauté. Ils sont à l'aise dans l'activité, mais n'aiment pas le travail routinier et préfèrent prendre eux-mêmes les initiatives. Entreprenants jusqu'à la témérité, ils choisissent de faire face aux obstacles plutôt que de les contourner.

Plus spontanés que raisonneurs, les Béliers sont portés à céder à l'impulsion et se trouvent parfois déchirés entre la tendresse et la violence, la générosité et la colère. Il leur arrive aussi de manquer de lucidité et d'objectivité tellement ils débordent de joie de vivre et d'insouciance. Même s'ils sont passionnés dans l'affection et l'amour, les Béliers tiennent beaucoup à leur indépendance et ont tendance à imposer leurs goûts et leurs opinions.

Madame Bélier est dynamique et spontanée : pour elle, les sympathies ou antipathies sont immédiates, mais les nuances et la diplomatie ne sont pas son fort. Généreuse et courageuse, elle se porte souvent à la défense des opprimés. Monsieur Bélier possède un enthousiasme tout juvénile et a besoin d'action, de risque et d'aventure ce qui le maintient en éternelle effervescence.

Taureau

21 avril – 20 mai

*P*our les Taureaux, la sécurité matérielle aussi bien que psychologique est essentielle et les biens matériels constituent le reflet extérieur de leur réussite sociale. Leur esprit méthodique et réfléchi leur permet de construire à long terme vie et carrière. Bien qu'ils aient de la difficulté à se lancer, une fois qu'ils ont démarré, rien ne peut plus les arrêter et leur ambition les conduit au succès.

L'un des traits les plus attachants des Taureaux est leur charme naturel. Ils possèdent souvent une voix douce et aimable et savent écouter et donner de judicieux conseils. Ils sont des amoureux tendres et affectueux et expriment leur attachement avec grandeur et générosité. Il leur importe que les relations soient paisibles et harmonieuses, car ils ont un sens aigu de la famille et des traditions.

Madame Taureau est une grande sentimentale. Très belle physiquement, elle est une amoureuse fidèle et tendre mais possessive et exclusive. Son entêtement et son inaptitude à rompre la conduisent parfois à prolonger des situations difficiles. Monsieur Taureau aime avec élégance, mais il est exigeant et ne supporte pas le manquement à la parole donnée. Amoureux de la nature, il adore la campagne, et le jardinage et le golf sont faits pour lui.

Gémeau

21 mai – 21 juin

La prodigieuse faculté d'adaptation des Gémeaux en fait des êtres communicatifs et spirituels. Juvéniles et vifs, ils adorent l'échange, le contact et l'improvisation sous toutes ses formes. Ce sont des intellectuels éloquents, mais ils ont tendance à en savoir un peu sur tout bien que sans approfondissement, ce qui peut les rendre superficiels.

Dans leur vie sentimentale, les Gémeaux ont besoin de rapports intellectuels enrichissants dans un climat de gaieté. Amoureux dilettantes, leur fantaisie les empêche parfois de s'engager réellement. Leur double nature en fait des êtres souvent contradictoires qui se sentent incompris. Leur sincérité peut être totale, mais elle change d'objet constamment. Ou alors, s'ils sont plus cérébraux, ils sont capables d'une grande duplicité.

Madame Gémeaux possède un charme exquis et sait exprimer ses sentiments avec facilité. Chez elle, c'est le désir d'être aimée qui importe le plus. Ainsi, elle sera parfois «flirt» afin de prouver sa séduction. Monsieur Gémeaux est spirituel et charmant, mais il a tendance à collectionner les conquêtes. Sa passion du changement peut facilement tourner à l'instabilité.

Cancer

22 juin – 22 juillet

Les personnes nées sous le signe du Cancer sont, sous des dehors impénétrables, animées d'une grande gentillesse et douées d'affection. Ce sont des être très émotifs et remarquablement intuitifs. Hypersensibles, ils sont presque perpétuellement inquiets. Souvent tournés vers le passé en raison de leur nature émotive, ils sont d'humeur changeante, mais tout ce qui parle à leur cœur prime sur le reste. Le besoin d'être parent étant instinctif et très fort chez les natifs du Cancer, ils éprouvent un grand désir de protéger leur famille.

Ils sont des partenaires affectueux et sensibles qui recherchent l'amour avec un grand «A». Dès qu'une relation stable est établie, ils souhaitent construire un foyer et fonder une famille, et ils souffriront sans doute plus que les autres de voir partir leurs enfants.

Madame Cancer est la maman par excellence. Elle adore ses enfants, les gâte et s'inquiète constamment pour eux. Elle a, d'autre part, un grand besoin de tendresse, de compréhension et de preuves d'amour. Doux et vulnérable, Monsieur Cancer éprouve parfois le besoin d'être materné. Il recherche une intimité rassurante afin de trouver l'équilibre et le bien-être auxquels il aspire.

Lion

23 juillet – 22 août

Les Lions sont généreux et chaleureux. Dotés d'une grande puissance de créativité, ils vivent pleinement leur vie et se désolent de voir les autres gâcher la leur. Leur sens de l'organisation est très fort et leurs journées bien remplies. Investis d'un soleil intérieur qui illumine leur propre vie, ils irradient cette énergie envers les autres. La notion de loisirs est étrangère aux Lions; ils préfèrent les activités qu'ils prennent très au sérieux et qu'ils conduisent à un niveau presque professionnel.

Partenaires très sensibles, les Lions sont facilement blessés car ils idéalisent les relations sentimentales. Ils demandent beaucoup et le rendent bien, mais ils sont déçus si on ne répond pas à leurs attentes. Ils ont tendance à vouloir dominer et aiment bien décider pour deux! Ils ont absolument besoin de s'impliquer émotionnellement pour avoir le sentiment de s'accomplir.

Madame Lion adore être élue, séduite et traitée avec faste et enthousiasme. Aimant le luxe et le confort, elle recherche la beauté en tout. Elle est une passionnée et possède une grande noblesse de cœur. Monsieur Lion possède un sens inné des responsabilités et du devoir. C'est un être loyal et juste doué d'un caractère héroïque qui le pousse au surpassement et aux grandes entreprises.

Vierge

23 août – 22 septembre

Les natifs de la Vierge sont plutôt modestes et timides. Perfectionnistes à outrance et dignes de confiance, ils se laissent parfois submerger par les petits détails. Ils sont pratiques et doués pour l'analyse mais leur sens critique est implacable. Les personnes nées sous le signe de la Vierge sont loquaces : elles aiment les discussions et les échanges d'idées et d'opinions qu'elles savent exprimer très clairement.

Les Vierges ont de la difficulté à s'engager en raison de leur raisonnement qui risque de retarder ou de refroidir leurs sentiments. Par ailleurs, lorsqu'ils s'engagent, ils sont serviables et gentils avec les êtres aimés. Les natifs de la Vierge affichent souvent une grande assurance et se cantonnent dans la réserve afin de cacher leur timidité et leur pudeur.

Madame Vierge rêve de romantisme mais hésite à se laisser aller. Elle aime le quotidien et s'investit complètement dans ses entreprises où le sens de la logique et la minutie priment. Monsieur Vierge est un travailleur, doté d'un grand sens pratique, mais il peut manquer de confiance en lui ce qui le rend souvent inquiet. Il est dévoué et méthodique, mais éprouve le besoin d'être supervisé.

Balance

23 septembre – 23 octobre

Les Balances recherchent l'équilibre avant tout. Ce sont des personnes pondérées et sensibles prêtes à tous les sacrifices pour atteindre la paix et l'harmonie. Il leur est souvent difficile de prendre des décisions car pour eux tout est en demi-teintes, hésitations et compromis. Ils supportent mal les grands changements. Ils possèdent un sens inné de l'esthétisme et sont des amoureux des arts. Ils aiment le luxe, le confort et la gastronomie...

En amour, les natifs de la Balance sont mesurés et réfléchis et désirent parvenir à l'équilibre affectif grâce à l'union idéale et parfaite. Dans les périodes difficiles, leur volonté et leur raison prennent vite le dessus; ils savent taire leurs émotions conformément à leur idéal d'équilibre. Leur but ultime est de trouver partout un terrain d'entente et d'éviter les confrontations et les déchirements.

Madame Balance est une romantique pure et la relation de couple importe énormément pour elle. Elle sait être conciliante afin de préserver l'harmonie du ménage. Affable et parfois mondain, Monsieur Balance est un pacifique doté d'une grande générosité. Maître dans l'art du self-control, son but intime est souvent de plaire sur tous les plans.

Scorpion

24 octobre – 22 novembre

Volontaires et passionnés, les Scorpions sont essentiellement des producteurs et des transformateurs d'énergie. Ils ont en horreur les pressions sociales et les interventions extérieures et tolèrent mal l'autorité, sauf s'ils éprouvent une grande estime pour leurs supérieurs. Ils ont la réputation d'être des symboles sexuels mais ce pouvoir érotique correspond à leur besoin de pénétrer au cœur même des choses, au centre le plus caché de la réalité.

Les natifs du Scorpion sont généralement des anxieux, des hypersensibles qui traversent souvent des périodes d'angoisse. L'intuition et une perspicacité innées les guident plus souvent que l'analyse. Habituellement hermétiques, ils exercent une grande fascination sur autrui par leur séduction et leur attirance. De prime abord plutôt froids, ils ont de brusques coups de cœur : ils adorent ou ils détestent.

Madame Scorpion est souvent partagée entre l'amour et la violence, la passion et le refoulement. Elle peut piquer avec son dard pour ensuite panser la plaie qu'elle vient d'infliger. Puissant et déterminé, Monsieur Scorpion est prêt à tout pour protéger son individualité. Il ne supporte pas la dépendance sur le plan affectif et peut être jaloux et rancunier.

Sagittaire

23 novembre – 21 décembre

L'esprit chevaleresque des Sagittaires en fait des êtres enthousiastes, des idéalistes en quête d'absolu. D'humeur joviale, honnêtes et francs, leur lumière est toute intérieure et spiritualisée. Ils aiment les défis et poursuivent sans cesse de nouveaux objectifs mais ne mènent pas toujours leurs projets à terme. Leur joie de vivre naturelle les rend parfois insouciants ou irréfléchis.

Les Sagittaires recherchent des sentiments sincères, basés sur l'affinité des goûts, mais ne supportent pas l'atteinte à leur liberté personnelle. Ils sont souvent portés au conformisme sentimental car ils ont besoin de croire en l'immuabilité des sentiments et détestent les complications. En cas de crise, ils ont de la difficulté à se remettre en question.

Madame Sagittaire éprouve une attirance marquée pour l'exotisme dans ses relations affectives. Amoureuse de la vie, elle possède une fraîcheur et une candeur qui se reflètent dans son exubérance naturelle et son sens de l'humour. Monsieur Sagittaire ne supporte pas les situations fermées. Sa largeur d'esprit en fait un amoureux sincère et spontané dont la sensualité est saine et joyeuse.

Capricorne

22 décembre – 20 janvier

*L*es Capricornes perçoivent les phénomènes extérieurs avec sang-froid et lucidité. Conservateurs, ils incarnent la stabilité et la permanence jusqu'à l'entêtement. Ils sont des êtres très patients et leurs projets sont mûrement réfléchis et menés à terme ce qui en fait parfois de froids calculateurs. Les Capricornes ont l'impression qu'ils devraient tout savoir, ce qui les porte à manquer de confiance en eux lorsqu'ils n'atteignent pas le succès escompté. Tout en contrastes, ils peuvent être à la fois volontaires et réservés, fantasques et mystérieux.

L'austérité et l'introversion font des Capricornes des êtres stoïques et abrupts où se cache la sensibilité douloureuse de ceux qui n'arrivent pas à exprimer leurs sentiments et leurs émotions. Ils alternent entre une sécheresse apparente et les démonstrations mélodramatiques.

Madame Capricorne possède un sens de l'humour tout à fait original qui contraste avec sa tendance à bougonner. Déterminée et tenace, il lui arrive de poursuivre discrètement l'être aimé. Monsieur Capricorne se sent plus à l'aise dans la solitude et l'isolement. Il craint l'engagement amoureux et fait taire ses sentiments tant qu'il n'est pas établi dans la vie. C'est un affectif qui refuse de l'être.

Verseau

21 janvier — 18 février

*L*e besoin d'indépendance est viscéral pour les Verseaux et ne doit pas être sous-estimé. Ils tiennent à garder leurs distances et refusent qu'on envahisse leur intimité. Ils possèdent un sens aigu de l'ambition et se plaisent à travailler, mais supportent difficilement les directives et les conseils. De plus, leur caractère original et idéaliste peut parfois agacer ou irriter l'entourage.

Les Verseaux ont de la difficulté à nouer une relation amoureuse profonde et durable. Ils renoncent souvent à la relation permanente par crainte de l'intrusion dans leur espace vital et de l'obligation de modifier leur mode de vie. Imprévisibles et souvent entêtés, ils agissent parfois avec dureté. Ils sont pourtant de grands romantiques qui, une fois engagés, sont très loyaux.

Madame Verseau est douée d'une générosité et d'une bienveillance naturelles auxquelles s'ajoute le désir inné d'aider les autres. Elle privilégie l'amitié amoureuse et prône la liberté réciproque. Prince de la désinvolture et de l'anticonformisme, Monsieur Verseau n'aime pas se soucier du quotidien et de banalités. Quand il ne réussit pas à réaliser ses idéaux, il se réfugie dans une sorte de résignation douloureuse teintée d'un sens de l'humour très vif.

Poisson

19 février — 20 mars

*L*es Poissons font les meilleurs des amis. Ils sont sensibles, charitables et compatissants et leur amitié est teintée d'une gentillesse innée et d'un grand désir d'être indispensables. Leur imagination colorée les porte parfois à s'auto-illusionner et à se tromper eux-mêmes. Hypersensibles, leur grande malléabilité peut les rendre influençables et impressionnables. Ils ont alors du mal à faire des choix et à s'engager. Fatalistes, les Poissons refusent souvent de voir la vérité en face et de faire face à la réalité, ce qui peut les conduire au mensonge et à l'opportunisme.

Ils sont par ailleurs de grands romantiques et des amoureux exaltés qui risquent parfois de submerger d'affection leur partenaire. Leur capacité de don de soi et leur dévouement sans bornes peuvent devenir masochisme s'ils s'attachent à des personnes qui les font souffrir.

Romantique à souhait, madame Poissons préfère tendresse et sensibilité à passion charnelle. Son esprit de sacrifice, de tolérance et de bienveillance risque d'en faire une maman un peu trop complaisante. Incurable romantique, Monsieur Poissons navigue souvent entre la sérénité et l'angoisse. Il a de l'humour, il est soit malin, soit habile, bon à tout... bon à rien, mais il étonne toujours!

*L*es anciens croyaient que chaque pierre précieuse s'était cristallisée autour d'une entité et que cette entité avait la possibilité d'aider, par ses conseils et sa protection occulte, les personnes qui possédaient la dite pierre.

Janvier
Grenat

Février
Améthyste

Mars
Aigue-marine

Avril
Diamant

Mai
Émeraude

Juin
Perle

Juillet
Rubis

Août
Péridot

Septembre
Saphir

Octobre
Tourmaline rose

Novembre
Topaze

Décembre
Turquoise